Con la colección **Infantil**, desde Vegueta queremos realizar
nuestra particular aportación al proyecto universal más
apasionante que existe, el de la educación infantil y juvenil.
Como una varita mágica, la educación tiene el poder de
iluminar sombras y hacer prevalecer la razón, los principios
y la solidaridad, impulsando la prosperidad.

Genios de la Ciencia, la serie de biografías de científicos
e inventores, pretende aproximar a los niños a aquellos
grandes personajes cuyo estudio, disciplina y conocimiento
han contribuido al desarrollo y a la calidad de vida de
nuestra sociedad.

Guía de lectura

¿Deseas saber más sobre Agnódice y su época?

Ⓠ Encontrarás comen-
tarios de Sierpe, la
serpiente.

Ⓢ Obtendrás información
más detallada.

Textos: **Henar Lanza**
Ilustraciones: **Pilar Barrios**
Diseño: **Sònia Estévez**
Maquetación: **Sara Pintado**
Colección dirigida por **Eva Moll de Alba**

© Vegueta Ediciones
Roger de Llúria, 82, principal 1ª
08009 Barcelona
www.veguetaediciones.com

ISBN: 978-84-17137-62-5
Depósito Legal: B 13317-2021
Fecha de publicación: enero de 2022
Impreso y encuadernado en España

Esta obra ha recibido
una ayuda a la edición del
Ministerio de Cultura y Deporte

MINISTERIO
DE CULTURA
Y DEPORTE

DIRECCIÓN GENERAL DEL LIBRO
Y FOMENTO DE LA LECTURA

CEDRO

FSC
www.fsc.org
MIXTO
Papel procedente de
fuentes responsables
FSC® C121047

GENIOS DE LA CIENCIA

AGNÓDICE

LA PRIMERA MÉDICA DE MUJERES

TEXTOS HENAR LANZA
ILUSTRACIONES PILAR BARRIOS

Vegueta Infantil

Hola, soy Sierpe, la serpiente.

Sí, sí, ya sé que las serpientes tenemos muy mala fama, pero no te asustes, que no pico ni muerdo, solo abro la boca para contar historias. Por favor, no cierres el libro ni me aplastes de nuevo entre sus hojas, porque no hay nada más triste que los libros que nunca se abren.

Por si no lo sabes, no soy una serpiente cualquiera: soy la serpiente de Asclepio, el dios griego de la medicina.

Asclepio lleva siempre un báculo, una vara curativa, y yo, Sierpe, vivo enroscada a él. Y así es como voy conociendo a los humanos a quienes Asclepio va curando y también a quienes lo siguen y aprenden medicina. Uno de ellos fue nuestra protagonista, Agnódice.

Si prometes no cerrar el libro, te contaré su sorprendente historia. Digo sorprendente porque Agnódice se convirtió en la primera médica especializada en enfermedades de mujeres, lo que ahora se conoce como ginecóloga. Y no solo eso: llegó a serlo en una época en la que las leyes prohibían a las mujeres estudiar Medicina.

Asclepio

En la mitología griega, Asclepio era hijo del dios Apolo y de una mortal, Coronis. Sus conocimientos médicos eran tales que podía resucitar a los mortales. Esto enfadó a Zeus, el dios más importante del Olimpo, quien lo fulminó con un rayo. Y así fue como Asclepio se convirtió en el dios de la medicina.

Hubo un tiempo en el que se creía que las enfermedades eran un castigo divino que los dioses enviaban a los mortales que los ofendían. Por eso la curación estaba asociada a ritos religiosos y mágicos que incluían sacrificios. A principios del siglo V a. C., sin embargo, nacieron escuelas de Medicina en el sur de Italia y en las islas del mar Egeo, es decir, en los mismos lugares en los que se desarrolló la filosofía.

En la antigua Atenas a las mujeres no se les permitía ejercer la medicina, así que eran los hombres quienes atendían a las embarazadas. Algunas se sentían temerosas o avergonzadas y preferían renunciar a la atención médica. Por este motivo muchas morían durante el parto. La joven Agnódice no podía soportar que más mujeres perdieran su vida por esta razón, así que ideó un plan.

Agnódice sabía que en Alejandría, la ciudad más importante de Egipto, había médicos que podrían enseñarla. Y, sin miedo a abandonar Atenas, su ciudad natal, comenzó los preparativos del viaje que cambiaría el rumbo de su vida.

Cuando tuvo listo su ligero equipaje, descendió, ilusionada y nerviosa, hacia El Pireo, el puerto de Atenas. Allí, entre la agitación de todas las personas que van y vienen de acá para allá, que llegan y se despiden y acarrean de un lado para otro exóticas mercancías, Agnódice se despidió de su familia y tomó el barco que la llevaría a cumplir sus anhelados sueños.

Egipto

Mucho antes de que naciera Agnódice, la civilización griega había heredado de la egipcia parte de sus conocimientos científicos, como la medicina, las matemáticas o la astronomía.

Alejandría

Alejandría fue fundada por Alejandro Magno en el Delta del río Nilo. En la ciudad había dos edificios que, aunque ya no existan, perduran en nuestra memoria: el Faro y la gran Biblioteca de Alejandría, ¡la más grande de todo el mundo antiguo!

ATENAS

ALEJANDRÍA

Herófilo

Fue un médico de la Escuela de Alejandría que vivió entre los siglos IV y III a. C. Destacó principalmente por sus investigaciones en anatomía a través de la disección de cadáveres. Todos sus tratados anatómicos desaparecieron en el incendio de la Biblioteca de Alejandría y solo tenemos noticia de ellos por médicos posteriores.

El barco de Agnódice salió del puerto y enfiló su proa hacia el sur, dispuesto a cruzar el Mediterráneo y llegar a la otra orilla, la del norte de África, a una ciudad situada justo en la desembocadura del río Nilo, del que bebió durante siglos la civilización egipcia: la deslumbrante ciudad de Alejandría.

Nada más desembarcar, buscó al sabio que necesitaba: un médico que no tuviera reparos en enseñar a una mujer. Así fue como Agnódice conoció a Herófilo.

Aunque tenía claro que su pasión era la medicina, a veces tenía que recordar por qué había emprendido tan largo viaje. ¡Y es que Alejandría ofrecía mil encantos para quien estuviera dispuesto a perderse en sus calles!

Herófilo era médico especialista en las enfermedades de las mujeres, y como era un hombre sabio, no tenía problema en que Agnódice fuera su discípula. Hicieron un pacto: solo la llevaría con él a tratar a embarazadas si se comprometía a estudiar. No sería una mera partera, sino una verdadera aprendiz de médico.

Agnódice absorbía como una esponja todos los conocimientos y la experiencia de Herófilo sobre los cuerpos de las mujeres y los males que las aquejan. Y, a pesar de los esfuerzos que le exigía su maestro, se fue encariñando con él.

También encontró ocasiones para disfrutar de los encantos de una ciudad tan seductora como Alejandría. Allí conoció a médicos, matemáticos, astrónomos y escritores. Y se hizo amiga de otros estudiantes. Pero llegó el momento de despedirse de todo aquel maravilloso mundo y regresar a Atenas para seguir con su plan.

Parteras

Son mujeres que, por su edad, ya no pueden tener más hijos y se dedican a ayudar a las más jóvenes en el momento de dar a luz. También se las conoce como «comadronas». Se sabe que la madre del filósofo Sócrates fue una partera famosa.

El Mediterráneo

El término proviene del latín «medi terraneum» y significa «en medio de tierras». Este mar adoptó su nombre por estar situado entre distintos continentes de diferentes culturas. Sus aguas unen Europa, Asia y África.

Y así fue como una Agnódice mayor y más sabia cruzó de nuevo el Mediterráneo, esta vez en sentido contrario.

Cuando avistó El Pireo, se le hizo un nudo en la garganta. Cerró los ojos y aspiró el familiar aroma del puerto. Aunque Atenas y Alejandría compartían el mismo mar, ella las habría distinguido con los ojos vendados: Atenas olía a sal, y Alejandría, al agua dulce del río.

Una vez instalada, pasó largas horas contándole a su familia todo lo que había vivido.

O casi todo.

ATENAS

ALEJANDRÍA

Tal como tenía proyectado desde hacía tiempo, Agnódice, con la ayuda de su hermana Praxágora, se cortó el pelo y se puso una barba y un bigote postizos para parecer un hombre. Pero no uno cualquiera, sino uno digno del aprecio del dios Asclepio: un médico. Era la única manera de poner en práctica todo lo que había aprendido en Alejandría con Herófilo.

Pero Atenas en verano era más calurosa que el infierno y el sudor provocaba que a Agnódice le picara la cara bajo aquellos postizos.

Sin embargo, y a pesar de la incomodidad del disfraz, sabía que era muy importante que no la descubrieran, por eso solo se rascaba cuando estaba segura de que no la veía nadie.

«Aquí me tienes de nuevo. Ahora que Agnódice ha regresado a Atenas, viene lo más interesante. La aventura alejandrina fue increíble, pero era solo el aperitivo».

Ginecología

De raíz griega, es la ciencia que estudia las enfermedades que aquejan a los cuerpos de las mujeres, que son diferentes de los de los hombres, por eso es necesario que la medicina desarrolle ramas específicas para cada uno de ellos.

Siempre bajo la apariencia de un hombre, atendía a las mujeres embarazadas y a las parturientas, ejerciendo de ginecóloga, y su popularidad iba en aumento debido a su gran delicadeza. Por su doble condición de mujer y médica, sabía mucho mejor que los hombres cómo tratar a sus iguales.

La fama de aquel médico del pelo raro y piel blanca se fue extendiendo entre las mujeres de Atenas, que ya solo querían que las atendiera «él».

El único problema era que algunas mujeres seguían sintiéndose incómodas al tener que desnudarse ante quien creían que era un hombre, por eso Agnódice entendió que, para ganarse su confianza, debía hacerles saber que ella también era una mujer.

Además, ya estaba cansada de andar todo el día disfrazada, como si la vida fuera un carnaval, y de la barba y del bigote y de los picores y de toda esa farsa. ¿Por qué las mujeres no podían estudiar Medicina? ¿Solo porque no les crecía pelo en la cara?

«Tan ridículos estos hombres... Las serpientes no tenemos barba ni bigote, ni falta que nos hace para ser las más astutas de los animales. ¿Te imaginas una serpiente con pelo?».

Las acusaciones injustas

Las acusaciones injustas eran un arma habitual contra la creciente popularidad de algunos atenienses. Al filósofo Sócrates también lo acusaron injustamente de corromper a los jóvenes. Estos imitaban su método filosófico, inspirado en el saber de su madre, una partera, poniendo en evidencia la ignorancia de los que creían ser sabios sin serlo.

El éxito de Agnódice despertó la envidia de los médicos varones, quienes, para vengarse del que creían su colega de profesión, la acusaron de seducir a las pacientes a las que atendía.

Y, aunque su primera reacción fue enfadarse, enseguida comprendió que no merecía la pena perder el tiempo ni el buen humor por una acción tan vil, pues le resultaría muy fácil demostrar que se trataba de una acusación sin fundamento.

En Alejandría alguien muy sabio le había enseñado que algunos problemas no hay que resolverlos, sino disolverlos. Como el azúcar en la leche caliente.

Para demostrar que ella no era un hombre y, por lo tanto, era incapaz de abusar de una mujer, Agnódice se arrancó la barba, esta vez ante sus acusadores.

Ahora tanto las mujeres como los hombres de Atenas sabían ya que aquel médico de pelo raro y piel blanca era en realidad una médica, lo que le permitiría no tener que llevar la incómoda barba nunca más. Y, algo que no era importante pero que a Agnódice se le había antojado hacía ya un tiempo: podría volver a lucir su larga y hermosa cabellera.

La barba en la Antigüedad

Sócrates fue el maestro de Platón, Platón el maestro de Aristóteles, y Aristóteles el tutor del rey Alejandro III de Macedonia, el gran Alejandro Magno. Este último ordenó que los soldados debían ir afeitados —a diferencia de los tres filósofos barbudos— y con el pelo corto para que los enemigos no pudieran agarrarlos fácilmente. Esta costumbre aún perdura en nuestros días.

Areópago

La «Colina de Ares», el dios de la guerra, es uno de los montes que rodean Atenas. Era el lugar de reunión del Consejo, que a lo largo de su historia tuvo distintas funciones, como la de interpretar las leyes y juzgar a los criminales.

Pero las preocupaciones de Agnódice no terminaron aquí: ahora tenía que enfrentarse a una segunda acusación en el Areópago, esta vez por haber incumplido la ley ateniense que prohibía ejercer la medicina a cualquiera que no fuera un hombre libre.

Ante esta nueva dificultad, Agnódice ya no sabía qué hacer. Se sentía indefensa frente a los obstáculos que la ciudad de Atenas le ponía para desarrollar su pasión y empezaba a estar cansada y a plantearse regresar a su querida Alejandría.

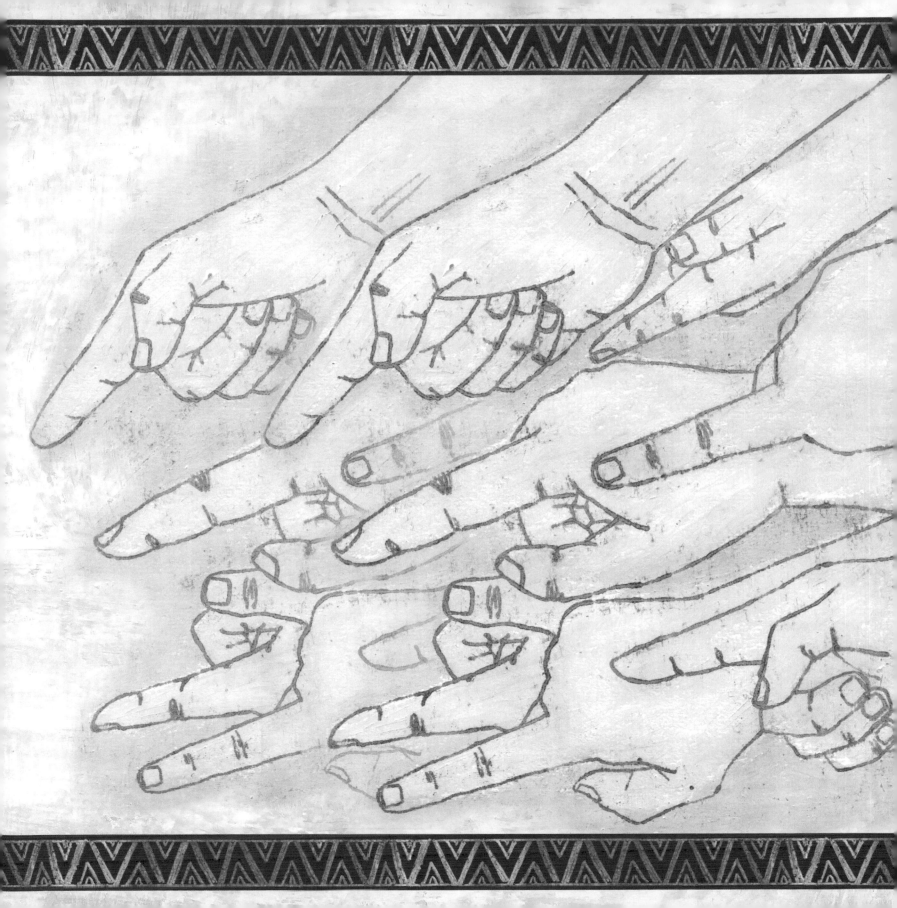

Sin embargo, cuando más desesperada estaba, sucedió un acontecimiento tan insólito como maravilloso: las mujeres que habían sido sus pacientes salieron en su defensa interponiéndose entre ella y los hombres que la acusaban. Iban de frente y decían: «¡No eres esposo, sino enemigo, porque acusas a la que nos ha curado!».

Ante la indefensa Agnódice, los hombres no habían dudado, pero ante todas las mujeres unidas por la rabia de saber que se estaba cometiendo una injusticia, la situación cambiaba por completo.

Las atenienses tenían muy claro que una cosa es la justicia y otra la ley. Y aunque lo ideal es que coincidan y las leyes sean justas, no siempre sucede así.

Al igual que los cuerpos que atienden los médicos, la ciudad de Atenas también estaba enferma. Pero la actuación conjunta y oportuna de las mujeres atenienses había salvado a Agnódice.

Las mujeres disfrazadas de hombres en la Antigüedad

El ateniense Aristófanes, que ridiculizó a Sócrates en su comedia *Las nubes*, escribió una obra titulada *Las asambleístas* en la que las mujeres se disfrazan de hombres para poder entrar en la Asamblea a persuadirlos de que deleguen en ellas el control de la ciudad.

Cayo Julio Higinio (64-17 a. C.)

Fue un bibliotecario, escritor y filósofo latino.

Mito

Historia que explica por qué las cosas son como son en la actualidad. Lo importante del mito no es tanto su valor de verdad o falsedad como su finalidad educativa. Los mitos griegos tenían una vocación educativa para servir de orientación en cuestiones morales y políticas.

Ahora ya conoces la historia de mi querida Agnódice. Hay quien cree que no existió, que solo es un mito. Tenemos noticias de ella gracias a un libro titulado *Fábulas* escrito por Cayo Julio Higinio.

Sea como sea, existiera o no, lo importante de esta historia es que, en algún momento de nuestro pasado, se logró un hito muy importante: que la ley ateniense cambiara para que las mujeres pudieran ejercer la Medicina.

La mujer en la Antigua Grecia

Las mujeres atenienses eran habitantes de Atenas, pero no ciudadanas. Asombroso, ¿verdad? En la Antigua Atenas solo se consideraba ciudadanos a los hombres libres mayores de edad, nacidos en la ciudad, hijos de madre y padre ateniense. Esto excluía a mujeres, esclavos, niños y extranjeros.

Los únicos que podían participar en la vida política eran los ciudadanos, por lo que las mujeres estaban confinadas al ámbito doméstico. Apartadas de las decisiones que se tomaban en la Asamblea, su función era tener hijos para asegurar la descendencia. A este ámbito privado estaba condenada desde su nacimiento Agnódice, a pesar de su curiosidad por la naturaleza humana.

Del deseo de conocer y comprender la naturaleza humana es de donde nacieron la ciencia y la filosofía. Medicina y filosofía tienen, pues, un origen común y, en un momento dado, ambas prescinden de explicaciones sobrenaturales, mágicas o divinas y comienzan a guiarse por la razón humana.

Fechas destacadas de la Antigüedad

776-700 a. C.

776 a. C.: Primeros Juegos Olímpicos.

725 a. C.: Escritura alfabética en Grecia.

700-500 a. C.

700-500 a. C.: Consolidación del Estado griego.

508/7 a. C.: Nace la democracia ateniense. Constitución de Clístenes.

499-404 a. C.

499-449 a. C.: Guerras Médicas: los griegos contra los medos o persas.

470-469 a. C.: Nace el filósofo Sócrates en Atenas.

460 a. C.: Nace el médico Hipócrates en la isla de Kos, en el mar Egeo.

Otros genios de la ciencia

355-415

Hipatia
La gran maestra de Alejandría

1643-1727

Isaac Newton
El poder de la gravedad

1815-1852

Ada Lovelace
La primera programadora de la historia

1856-1943

Nikola Tesla
El mago de la electricidad

403-356 a. C.

427 a. C.: Nace el filósofo Platón en Atenas.

399 a. C.: Sócrates es condenado a muerte durante el régimen democrático.

385-384 a. C.: Nace el filósofo Aristóteles en Estagira, Grecia.

356-322 a. C.

356 a. C.: Nace Alejandro Magno en Pela, Grecia.

335 a. C.: Nace el médico Herófilo en Bitinia, Grecia.

331 a. C.: Alejandro Magno funda la ciudad de Alejandría.

280-194 a. C.

278-212 a. C.: Arquímedes demuestra el principio de la palanca y el de flotabilidad.

276-194 a. C.: Eratóstenes calcula las dimensiones de la esfera terrestre con un pequeño margen de error.

1867-1934

Marie Curie
El coraje de una científica

1910-1997

Jacques Cousteau
El descubridor de los mares

1914-2000

Hedy Lamarr
Aventurera, inventora y actriz

1942-2018

Stephen Hawking
La estrella más brillante de la ciencia

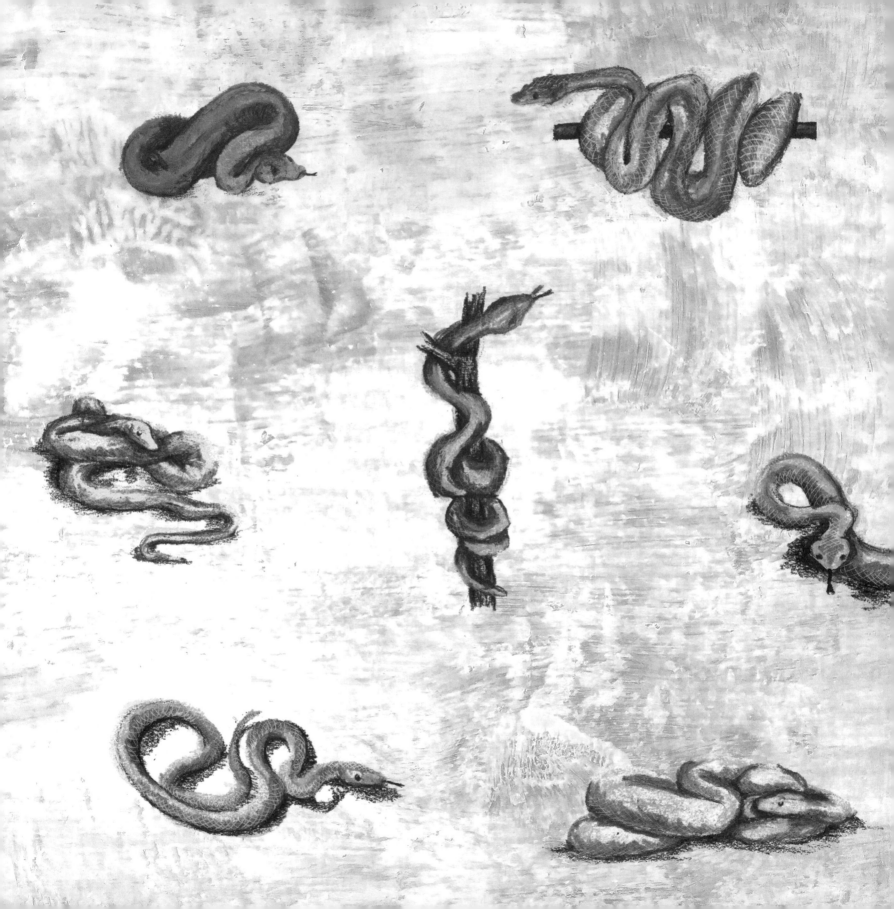